Mein kleiner veganer Milchladen

Sébastien Kardinal

Mein kleiner veganer Milchladen

Fotos & Styling: Laura Veganpower

Aus dem Französischen von Elisabeth Liebl

HANS-NIETSCH-VERLAG

Dieses Buch widme ich allen,
die mit ihrer Arbeit dazu beitragen,
dass sich in unseren Töpfen und in unseren Köpfen etwas ändert.
Jeder kleine Schritt in die richtige Richtung
bringt uns eine gerechtere, ethisch vertretbare Welt etwas näher.
Ich danke allen, die den veganen Weg beschreiten.

Inhalt

Einführung **10**
Die Zutaten **11**
Praktische Küchenhelfer **15**

Milch & Sahne

Sojamilch **20**
Vier pflanzliche Milchsorten **22**
Sahne **24**
Stichfeste *Crème fraîche* **26**
Frischkäse natur **28**
Gesalzene Butter **30**
Vanillejoghurt **32**
Fruchtjoghurt **34**
Crème Caramel **36**
Mousse au Chocolat **38**

Käse

Ziegenkäserolle (*Bûche de chèvre*) **42**
Kräuterfrischkäse (*Ail et fines herbes*) **44**
Veganer Feta in Öl **46**
Weichkäse (*Boulette d'Avègne*) **48**
Rahmfrischkäse **50**
Münsterkäse mit Kümmel (*Munster au cumin*) **52**
Räucherkäse mit Aschehaut (*Cendré fumé*) **54**
Walnusskäse (*Fromage aux noix*) **56**
Bierkäse (*Goudalois*) **58**
Blauschimmelkäse (*Bleu*) **60**

Ei

Spiegelei **64**
Rührei **66**
Ei en cocotte **68**
Omelett **70**
Pochiertes Ei **72**

Bezugsquellen **74**
Dank **76**
Der Autor und die Fotografin **76**

Einführung

Seit Jahrzehnten redet man uns ein, dass Milchprodukte gesund seien. Mittlerweile ist uns diese Überzeugung in Fleisch und Blut übergegangen. Die raffinierten Marketingstrategien der Milchindustrie machen uns glauben, der Verzicht auf Milch, Joghurt, Sahne, Butter und Käse gefährde unsere Gesundheit. Das Schreckgespenst des Vitamin- und Nährstoffmangels geht um in unseren Köpfen und Rebellen droht man mit Kalziummangel sowie dem Verlust der Knochendichte.

In Frankreich ist Milch ein Kulturgut. Wir Franzosen lernen von klein auf, dass wir nur groß und stark werden, wenn wir Milch trinken. Und später bläut man uns ein, der Verzehr von Käse sei gleichbedeutend mit französischer Lebenskunst. Irgendwann sind wir davon überzeugt, dass es eine Frage des Nationalstolzes ist, die typischen regionalen Produkte zu kennen, zu schätzen und natürlich auch zu verspeisen. Käse ist schließlich ein unverzichtbarer Bestandteil der französischen Esskultur. Auch ich habe als Vegetarier etwa zwanzig Jahre lang eine Unmenge verschiedenster Käsesorten und Eierspeisen vertilgt. Und das durchwegs mit Genuss. Obendrein stammte meine Mutter aus der Normandie, daher wurde bei uns immer mit Butter und Crème fraîche gekocht.

Doch wer sich entscheidet, vollständig auf Milchprodukte zu verzichten, wird in Frankreich schnell als Kulturverächter angesehen und macht sich in den Augen überzeugter Patrioten des Landesverrats schuldig. Dieser Fauxpas scheint fast noch tragischer als der Verzicht auf Fleisch. Inzwischen hat die Lebensmittelindustrie in Ländern wie Deutschland oder Österreich die Kaufkraft veganer Lebensmittel entdeckt und einen regelrechten Vegan-Hype ausgelöst. Eine Vielzahl industriell hergestellter veganer Produkte füllt seitdem die Regale in Supermärkten. Dennoch sehen sich Menschen, die sich bewusst vegan ernähren, – nicht nur in Frankreich – noch immer mit unzähligen Vorurteilen konfrontiert.

Es ist mittlerweile wissenschaftlich erwiesen, dass der Mensch sehr wohl ohne Produkte tierischen Ursprungs leben kann. Und schließlich sprechen auch gewichtige moralische Gründe für diese Entscheidung. Wir verfügen heutzutage über die nötigen „Mittel", um herkömmliche Delikatessen durch schmackhafte vegane Alternativen zu ersetzen. Die Vielfalt natürlicher pflanzlicher Lebensmittel bietet uns nahezu unbegrenzte Möglichkeiten. Um diese zu erkunden, müssen wir lediglich bekanntes Wissen erweitern – durch neue Zubereitungstechniken, genaues Beobachten und Verfeinern unseres Geschmacksinns.

In diesem Buch möchte ich Ihnen zeigen, wie Sie all die veganen Milch- und Käseprodukte selbst herstellen können, die Sie bisher im Laden gekauft haben. Sie werden sehen, dass man auf der Basis einfacher Pflanzenöle, ausgewählter Binde- und Texturierungsmittel, von Nüssen und Ölsaaten sowie einer Handvoll Gewürze kleine kulinarische Wunder vollbringen kann. Und Sie werden belohnt mit einzigartigen Ergebnissen, die vielleicht nicht ganz der gewohnten Norm entsprechen, aber in Aussehen und Geschmack ein wahrer Genuss sind!

Die Zutaten

AGAR-AGAR: Ein natürliches Geliermittel, das aus Algen gewonnen wird. Es hat weder Eigengeruch noch -geschmack und ist nur in warmer Flüssigkeit löslich. Sie finden Agar-Agar als Pulver im Bioladen oder Reformhaus.

ANNATTO-SAMEN (*Bixa orelana*): Dieses pikante Gewürz stammt ursprünglich aus Südamerika. Die rotbraunen Samen mit erdig-pfeffrigem Geschmack werden in der tropischen Küche als natürlicher Farbstoff in würzigen Pasten, Suppen oder Saucen und zum Einfärben von Reis, Butter, Käse oder Fisch verwendet. Man findet das Gewürz als ganze Samen oder gemahlen bei spezialisierten Gewürzanbietern (Bezugsquellen siehe Seite 74 f.), wo es auch unter dem Namen „Orleansaat" angeboten wird. Annatto gehört zu den Superfoods und sollte daher sparsam verwendet werden.

CARRAGEENPULVER: Das Geliermittel „Carrageen" wird aus dem Extrakt von Rotalgen gewonnen und besonders in der sogenannten Molekularküche eingesetzt. Kappa-Carrageenpulver dient zur Herstellung fester Gelees, Jota-Carrageenpulver ist für weiches Gelee gedacht. Carrageen ist in Naturkostläden mit einem gut sortierten Angebot für vegane Küche oder im Feinkostladen erhältlich.

GELLANPULVER: Ein natürliches Geliermittel zur Herstellung fester Gelees, das durch Fermentation von Algen gewonnen wird. Es ist oft als Stärkeersatz in industriell hergestellten Lebensmitteln enthalten. Gellan wird in der Molekularküche zum Andicken von Flüssigkeiten verwendet (Bezugsquellen siehe Seite 74 f.), aber auch für die traditionelle Zubereitung von Terrinen und Sülze.

GUARKERNMEHL: Das aus den Samen der Guarbohne gewonnene Mehl wird flüssigen Lebensmitteln als Verdickungs- oder Geliermittel zugesetzt. Guarkernmehl hat den Vorteil, dass es auch ohne Kochen bindet. Es absorbiert Flüssigkeit im Verdauungstrakt und quillt im Darm stark auf. Daher können bei übermäßigem Verzehr Bauchkrämpfe auftreten. Kaufen Sie Guarkernmehl möglichst naturbelassen im Bioladen oder Reformhaus.

JOGHURTFERMENT: Damit können Sie leckeren hausgemachten Joghurt herstellen. Meist sind die Starterkulturen (Bezugsquellen siehe Seite 74 f.) gefriergetrocknet, sie können also im Gefrierschrank aufbewahrt werden. Zur Joghurtbereitung müssen die Speisen auf 40 °C erwärmt werden – nicht mehr, aber auch nicht weniger.

JOHANNISBROTKERNMEHL: Das geschmacksneutrale Bindemittel aus den Samen des Johannisbrotkernbaums bindet Flüssigkeiten, ganz gleich ob kalt oder warm angerührt. Es wird häufig als Ei- und Gelatine-Ersatz verwendet. In großen Mengen kann das natürliche Verdickungs- und Geliermittel abführend wirken. Sie erhalten es im Bioladen oder im Reformhaus.

KAKAOBUTTER: Wie Kokosfett ist auch Kakaobutter sehr praktisch in der Anwendung, weil sie im Kühlschrank schnell fest wird und Speisen mehr Festigkeit verleiht. Achten Sie auch beim Kauf von Kakaobutter möglichst auf Bio- und Rohkostqualität (Bezugsquellen siehe Seite 74 f.).

KALA-NAMAK-SALZ: Das schwefelhaltige Gewürzsalz ist der Geheimtipp, wenn Sie Ihren veganen Speisen das typische Ei-Aroma verleihen wollen. Die aromatischen Bestandteile des schwarzen Steinsalzes sind besonders in der indischen Küche beliebt, da sie sowohl in puncto Geruch als auch im Geschmack hart gekochten Eiern ausgesprochen ähnlich sind. Kala-Namak-Salz finden Sie im Bioladen und in gut sortierten

Gewürzhandlungen (Bezugsquellen siehe Seite 74 f.).

KOKOSFETT: Ich verwende Kokosfett nicht wegen seines Geschmacks, sondern weil es gekühlt schnell fest wird. Sein natürliches Aroma verleiht Speisen eine ganz besondere Note, doch ich bevorzuge für meine veganen Käse geschmacksneutrales Kokosfett, möglichst in Rohkostqualität (Bezugsquellen siehe Seite 74 f.).

LA-MO-LONG-PFLANZE (*Paederia lanuginosa*): Die grünen Blätter dieser fantastischen Gewürzpflanze aus Vietnam duften und schmecken ähnlich wie die Käsesorten Maroilles, Livarot oder Munster. La-Mo-Long-Blätter erhalten Sie in gut sortierten asiatischen Feinkostläden. Die Pflanze lässt sich auch gut auf dem Fensterbrett ziehen und wird in Deutschland mittlerweile von einigen Kräuter-Versendern im Internet angeboten (Bezugsquellen siehe Seite 74 f.). Für die vegane Käsezubereitung ist die *Paederia lanuginosa* ein kulinarisches Highlight.

MEERRETTICH: Die aromatische Wurzel ist besonders im Osten Frankreichs und in Österreich sehr beliebt. Meerrettichpaste (in Österreich bzw. Süddeutschland auch „Kren" genannt) wird aus der immunstärkenden und antimikrobiell wirkenden Wurzel gewonnen und wie Senf verwendet. Meerrettich hat ein intensives Aroma und enthält würzig-scharfe Geschmacksnoten, die an gewisse Käsesorten erinnern. Verwenden Sie möglichst ungeschwefelte Meerrettichpaste in Bioqualität (Bezugsquellen siehe Seite 74 f.).

MISOPASTE: In einem aufwendigen Herstellungsverfahren werden Sojabohnen gekocht und mit Salz, Reis oder Gerste in Zedernholzfässern fermentiert. In Asien gibt es Miso in zahlreichen Geschmacksrichtungen und Farbabstufungen. Es ist reich an Eiweiß und B-Vitaminen und enthält etwa 1 Prozent Alkohol. Inzwischen finden Sie auch bei uns im Reformhaus, im Bioladen und im Asia-Laden eine gute Auswahl an Misopasten.

PIMENTÓN D'ESPELETTE: Die besonders milde, fruchtig schmeckende Chilisorte wird in der Region um Espelette im französischen Baskenland angebaut. Bei diesem Chiligewürz steht nicht die Schärfe im Vordergrund, man verwendet es meist wegen des leicht rauchigen Geschmacks (Bezugsquellen siehe Seite 74 f.).

PROBIOTIKA (*Lactobacillus acidophilus*): Die wohltuenden Bakterien sind als Kapseln oder Pulver erhältlich. Sie stärken das natürliche Gleichgewicht der Darmflora. Für die vegane Käseherstellung sind sie eine sehr interessante Zutat, da sie dem Käse eine milchige Geschmacksnote verleihen. Dazu müssen Sie die fertige Zubereitung allerdings einige Zeit ruhen lassen. Ich verwende pflanzliche Gelatinekapseln mit Lactobacillus acidophilus, die 6 Milliarden KBE pro Kapsel enthalten. Achten Sie beim Kauf von Probiotika in Kapsel- oder Pulverform darauf, dass diese 100 Prozent vegan und frei von Zusatzstoffen sind (Bezugsquellen siehe Seite 74 f.).

SOJALEZITHIN: Der Nahrungszusatz aus der Sojabohne wird gern als Emulgator für Süßspeisen und Eis eingesetzt. Kaufen Sie Sojalezithin möglichst in Bioqualität (Bezugsquellen siehe Seite 74 f.).

TOFU: Tofu wird aus Sojabohnen hergestellt, indem Sojamilch mithilfe von Nigari-Salz zum Gerinnen gebracht wird. Er ist reich an pflanzlichen Proteinen und hat nur einen geringen Eigengeschmack. Bei der Herstellung von fermentiertem Tofu werden vegane Joghurtkulturen zugesetzt, die dem Tofu eine milde säuerliche Geschmacksnote verleihen und ihn zu einer idealen Zutat für selbst gemachten veganen Frischkäse macht. Und auch als vegane Feta-Alternative eignet er sich bestens. Seidentofu ist cremig und hat einen leichten Nachgeschmack. Beim Kochen verhält er sich ähnlich wie Ei, d. h., er gerinnt und wird dick. Er eignet sich besonders für die Zubereitung von veganen Ei-Variationen (Bezugsquellen siehe Seite 74 f.).

WÜRZ-HEFEFLOCKEN: Kosten Sie ruhig mal ein paar Flocken pur. Ihr Geschmack erinnert an Käse. Würz-Hefeflocken lassen sich gut anstelle von Parmesan verwenden, wenn Sie ein Nudel-

Mein kleiner veganer Milchladen

gericht verfeinern wollen. Sie finden sie in jedem Bioladen bzw. Reformhaus.

WÜRZ-HEFEPASTE, biologisch (z. B. *Vitam R*-Hefeextrakt): Die würzige Paste wird aus Hefeextrakt hergestellt und mit Vitamin B angereichert. Sie ist im Reformhaus oder in gut sortierten Bioläden erhältlich. Ihr nussiger Geschmack verleiht Saucen für Hauptgerichte oder Salate und selbst gemachten Brotaufstrichen einen würzig-aromatischen Pfiff.

XANTHAN: Xanthan ist ein Verdickungsmittel, das von Mikroorganismen (*Xanthomonas campestris*) produziert wird. Es wird häufig in der Lebensmittelindustrie zum Andicken von Joghurt und Mayonnaise eingesetzt. Durch seine texturierenden Eigenschaften und den neutralen Geschmack eignet es sich besonders zur Herstellung von Käse. Sie erhalten Xanthan in Apotheken. Achten Sie beim Kauf auf den Zusatz „In Lebensmittelqualität"! In größeren Mengen verzehrt, kann Xanthan abführend wirken.

Um besonders leckere, gesunde und aromatische Speisen zuzubereiten, sollten Sie die Zutaten frisch, saisonal, aus regionalem Anbau und in Bio-Qualität einkaufen!

Praktische Küchenhelfer

In diesem Kapitel stelle ich Ihnen die unentbehrlichen Küchengeräte und -utensilien für die vegane Milch-, Sahne- und Käseherstellung vor. Zu jedem der nützlichen Küchenhelfer finden Sie in den Bezugsquellen (siehe Seite 74 f.) Angaben zu spezialisierten Anbietern im Internet.

Für die Zubereitung der Rezepte benötigen Sie:

AUSSTECHFORMEN: Ausstechringe aus Exoglass® sind die perfekte Hilfe zum Formen Ihrer veganen Käseköstlichkeiten! Im Set erstanden, sind die einzelnen Ringe mit glattem Rand zwischen 30 und 100 Millimeter groß. Sie sind bis 145 °C hitzebeständig und spülmaschinengeeignet (Bezugsquellen siehe Seite 74 f.).

eine **BACKFORM** für Kuchen am Stiel (*Cake Pops*) für die Zubereitung von veganen Eiergerichten

einen **GÄRAUTOMATEN**: Er sorgt im unteren Temperaturbereich (zwischen 21 und 49 °C) für konstante Wärme, die sich bei den meisten Backöfen nicht einstellen oder exakt regulieren lässt. Ein Gärautomat (Bezugsquellen siehe Seite 74 f.) ist ideal für die Herstellung von Soja-Joghurt und veganem Käse und verbraucht zudem weniger Energie.

einen **HOCHLEISTUNGSMIXER**, wenn Ihre veganen Milch-, Sahne- und Käsekreationen eine besonders cremige Konsistenz haben sollen (Bezugsquellen siehe Seite 74 f.)

KÄSEFORMEN: Ob rund oder rechteckig für Frisch- und Weichkäse, als klassische Ricotta-Form oder rund und länglich für die traditionelle Herstellung einer Bûche, achten Sie beim Kauf auf den Hinweis: „Aus lebensmittelechtem Kunststoff". Käseformen sind in unterschiedlichen Größen erhältlich (Bezugsquellen siehe Seite 74 f.).

eine **KÜCHENMASCHINE**

einen **PFLANZENMILCHBEREITER** (*Veggiefino*): Mit diesem innovativen Gerät können Sie schnell und einfach Soja- und Nussmilch selbst zubereiten, ganz ohne Sieb und Seihtuch; für die Zubereitung benötigen Sie zusätzlich einen Stabmixer (Bezugsquellen siehe Seite 74 f.).

PUDDINGFÖRMCHEN mit Deckel, am besten aus hochwertigem Kunststoff (Bezugsquellen siehe Seite 74 f.)

einen **STABMIXER**

Wo finde ich die richtigen Zutaten?

Fast alle Zutaten für die Rezepte in *Mein kleiner veganer Milchladen* erhalten Sie im Bioladen oder im Reformhaus. Natürlich können Sie ausgefallenere Zutaten wie Gewürze und Texturierungsmittel auch im Internet bestellen. Einige davon sind jedoch nur bei spezialisierten Online-Shops erhältlich (Bezugsquellen siehe Seite 74 f.).

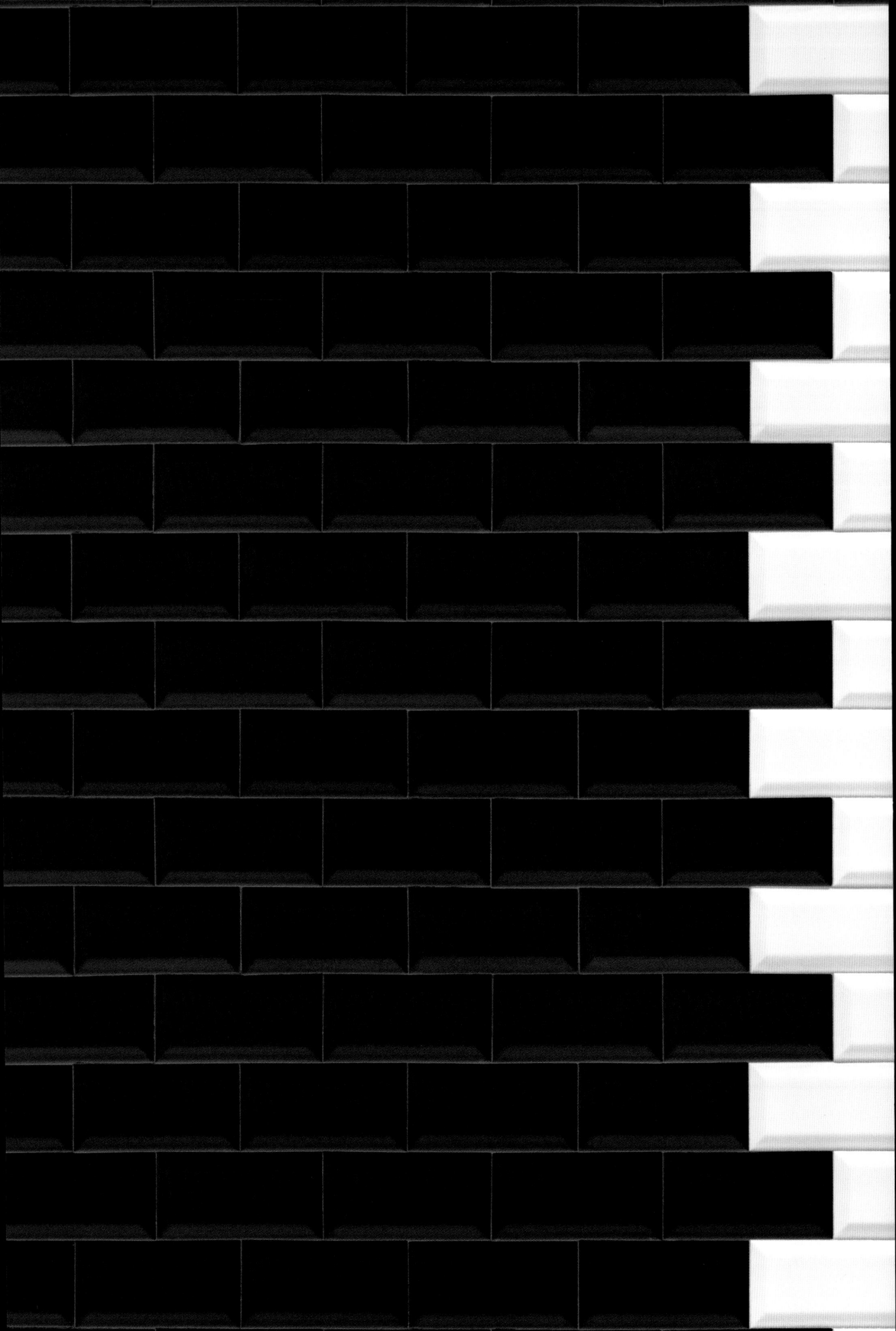

Sojamilch

Sojamilch ist wohl die bekannteste Pflanzenmilch und meist ein guter veganer Ersatz für Kuhmilch. Beim Kochen verhält sich Sojamilch ganz ähnlich. „Sojadrinks" sind in den Geschmacksrichtungen „natur", aromatisiert oder mit Kalziumzusatz erhältlich. Doch Sojamilch ist nicht geschmacksneutral, jede Variante schmeckt anders und auch zwischen den einzelnen Marken gibt es große qualitative Unterschiede. Wenn Sie auf Nummer sicher gehen und eine hochwertige Sojamilch ohne Zusätze oder störende Geschmacksnoten bekommen wollen, stellen Sie sie ganz einfach selbst her.

Für 1 Liter · Zubereitungszeit: 40 Minuten · Einweichzeit: 12 Stunden

120 g gelbe Sojabohnen • 1,2 l gefiltertes Wasser

Die Sojabohnen unter fließendem Wasser gut abspülen und 12 Stunden in einer großen Schüssel mit kaltem Wasser einweichen. Anschließend die gequollenen Bohnen abgießen. In den Mixer geben, Wasser dazugießen und auf höchster Stufe ein paar Minuten lang pürieren, bis eine glatte Flüssigkeit entsteht.

Die Flüssigkeit in einen großen Topf mit hohem Rand geben und bei mittlerer Hitze 30 Minuten köcheln lassen. Ständig umrühren, damit die Milch nicht überkocht.

Ein Gefäß in passender Größe (1 Liter) bereitstellen, ein Abtropfsieb aufsetzen und dieses mit einem Seihtuch auslegen. Die heiße Milch durch das Sieb gießen und warten, bis sie ganz durchgesickert ist. Dann das Seihtuch zusammendrehen, um den letzten Rest Flüssigkeit aus dem Tuch pressen. Alternativ können Sie Ihre Sojamilch auch mit einem Pflanzenmilchbereiter zubereiten.

Die fertige Milch in eine große Glasflasche gießen. Bei Raumtemperatur auskühlen lassen und anschließend in den Kühlschrank stellen. Dort ist sie 3 bis 4 Tage haltbar.

Tipp: Wenn Sie glücklicher Besitzer eines Pflanzenmilchbereiters sind (Bezugsquellen siehe Seite 74 f.), brauchen Sie weder Sieb noch Seihtuch. Damit haben Sie ohne großen Aufwand im Nu frische Pflanzenmilch zur Hand.

Vier pflanzliche Milchsorten

Das Leben besteht nicht nur aus Sojamilch. Sie können auch aus anderen Pflanzen Milch selbst zubereiten. Hier ein paar Ideen, die für leckere Abwechslung sorgen. Die folgenden Pflanzenmilchsorten sind nur eine kleine Auswahl. Kreieren Sie ganz nach Geschmack Ihre Lieblingssorten!

Für je 1 Liter · Zubereitungszeit: etwa 15 Minuten · Einweichzeit: 8 Stunden

HASELNUSSMILCH: 100 g Haselnüsse • 1 l gefiltertes Wasser • 2 ml naturreiner Vanilleextrakt oder 3 Msp. Vanillepulver • 10 ml Ahornsirup • **MANDELMILCH:** 100 g Mandeln (süß) • 1 l gefiltertes Wasser • 3 ml naturreiner Vanilleextrakt oder 4 Msp. Vanillepulver • 15 ml Agavensirup • **SESAMMILCH:** 100 g Sesamsamen • 20 g Puderzucker • 1 l gefiltertes Wasser • **KOKOSMILCH:** 2 frische Kokosnüsse (mit etwa 800 ml Kokoswasser) • 200 ml gefiltertes Wasser

Haselnuss- und Mandelmilch

Haselnüsse oder Mandeln gut unter fließendem Wasser abspülen und 8 Stunden in einer großen Schüssel mit kaltem Wasser einweichen. Abgießen und zusammen mit dem gefilterten Wasser, dem Vanilleextrakt und dem Sirup in den Mixer geben. Jeweils auf höchster Stufe ein paar Minuten lang zu Milch verarbeiten.

Ein Abtropfsieb mit einem Seihtuch darin in ein Gefäß zum Auffangen der Milch stellen. Die Milch durch das Sieb gießen. Das Seihtuch auswringen und so den Rest der Flüssigkeit auspressen.

Sesammilch

Sesam und Puderzucker in einer Pfanne erhitzen und 3 Minuten unter ständigem Rühren karamellisieren lassen. Das gefilterte Wasser mit dem karamellisierten Sesam in den Mixer geben. Die warme Mischung kristallisiert beim Kontakt mit dem kalten Wasser. Zu einer glatten Flüssigkeit mixen. Ein Gefäß mit einem Abtropfsieb und einem Seihtuch bereitstellen. Die Milch hineingießen und vollständig durchsickern lassen. Das Seihtuch zusammendrehen und den letzten Rest Flüssigkeit aus dem Sesam pressen.

Kokosmilch

Die Kokosnüsse anbohren und das Kokoswasser abfließen lassen. Dann die Kokosnüsse öffnen und das frische Fruchtfleisch mithilfe eines Esslöffels herauslösen, ohne die braune Haut mit aufzunehmen. Diese sollten Sie nicht verwenden! Kokoswasser und Fruchtfleisch im Mixer pürieren und die Milch nach Bedarf mit Wasser verdünnen.

Tipp: Bewahren Sie alle Milchsorten in Glasflaschen im Kühlschrank auf. Kokosmilch ist höchstens 3 Tage haltbar. Die anderen Sorten halten sich 5 Tage.

Sahne

Sahne ist dünnflüssiger als die stichfeste Crème fraîche und im Geschmack deutlich milder. Daher ist sie ideal zum Verfeinern von süßen und herzhaften Speisen. Saucen auf Sahnebasis machen nicht nur Gemüse oder Nudeln schmackhafter, ein Schuss Sahne passt auch perfekt zu Schmorgerichten, Quiches und vielen anderen herzhaften Köstlichkeiten. Und im Sommer macht das Sahnehäubchen die frischen Erdbeeren vom Wochenmarkt zu einem Hochgenuss.

Für ½ Liter · Zubereitungszeit: 10 Minuten · Ruhezeit: 30 Minuten

500 ml Sojamilch natur • 5 ml Apfelessig • 3 g Johannisbrotkernmehl (siehe Seite 11) • 1 g Guarkernmehl (siehe Seite 11) • 1 g feines Meersalz • 15 ml Sonnenblumenöl

Sojamilch und Apfelessig in eine Schüssel geben und 5 Minuten ruhen lassen. In der Zwischenzeit Johannisbrotkernmehl, Guarkernmehl und Salz in einem Schälchen vermengen.

Das Sonnenblumenöl zu der Milch gießen und 30 Sekunden lang gut durchmixen. Die Mehlmischung nach und nach in die Flüssigkeit einrieseln lassen, dabei im Mixer 5 Minuten lang ständig rühren.

Die Mischung in eine Glasflasche gießen und vor Gebrauch mindestens 30 Minuten kühl stellen, damit sie dickflüssig wird.

Die Sahne ist im Kühlschrank etwa 1 Woche haltbar. Vor dem Verwenden stets gut schütteln.

Tipp: Auch für dieses Rezept habe ich Sojamilch verwendet. Ihr leichter Eigengeschmack erlaubt es, die selbst gemachte Sahne für eine Vielzahl von Rezepten zu verwenden. Aber Sie können die Sojamilch natürlich auch durch die Veggie-Milch Ihrer Wahl ersetzen und so für eine besondere Geschmacksnote sorgen.

Stichfeste Crème fraîche

Die Spezialität aus der Normandie ist ein unverzichtbarer Klassiker der französischen Küche. Deshalb kam ich nicht umhin, eine vegane *Crème fraîche* auszutüfteln, die diesen Namen auch verdient. Sie ist ausgesprochen sahnig, lässt sich gut zum Kochen verwenden und zergeht schon bei niedrigen Temperaturen. Binden Sie damit Saucen oder verfeinern Sie Ihre süßen Leckereien!

Für 2 Gläser à 250 Milliliter · Zubereitungszeit: 15 Minuten · Einweichzeit: 8 Stunden · Ruhezeit: 20 Stunden

200 g rohe Cashewkerne • 205 ml Sojamilch natur • 2 Kapseln mit Probiotika (*Lactobacillus acidophilus*, siehe Seite 13) • 10 ml Apfelessig • 2 g feines Meersalz

Die Cashewkerne 8 Stunden in kaltem Wasser einweichen. Abgießen und unter fließendem, kaltem Wasser abspülen. Dann die Cashewkerne, 200 Milliliter Sojamilch, den Inhalt der Probiotika-Kapseln, Apfelessig und Salz in einen Mixer geben. Zunächst auf niedriger Stufe pürieren. Sobald die Konsistenz cremiger wird, die Geschwindigkeit nach und nach erhöhen.

Die glatte, noch dünnflüssige Sahne in die zwei Glastöpfchen gießen, diese verschließen und 12 Stunden in den Kühlschrank stellen.

Am nächsten Tag sollte die Sahnemasse ziemlich dick sein. In den Mixer füllen und die 5 Milliliter Sojamilch dazugießen, die Sie am Vortag nicht verbraucht haben. Vorsichtig mixen, bis eine glatte, cremige Sahnemasse entsteht.

Wieder in die Glastöpfchen füllen und diese verschließen. Nach erneutem Kühlen ist sie stichfest.

Die *Crème fraîche* ist im Kühlschrank 1 Woche haltbar.

Tipp: Diese Crème fraîche neigt dazu, im Verlaufe der Woche fester zu werden. Das hat keinen Einfluss auf ihre Qualität. Wenn Sie eine flüssigere *Crème fraîche* benötigen, können Sie sie einfach mit etwas Sojamilch verrühren.

Frischkäse natur

Wie Quark ist Frischkäse ursprünglich neutral im Geschmack, weder süß noch salzig. Sie können ihn also ganz nach Lust und Laune verwenden. Manche essen ihn mit Marmelade oder Ahornsirup, andere mit frischen Kräutern und einer Prise Salz. Aber Frischkäse ist auch eine gute Grundlage für die Herstellung anderer, raffinierterer Käsesorten. Diese pflanzliche Variante erinnert ein wenig an Tofu, hat jedoch eine andere Konsistenz.

Für 1 kleine Ricotta-Käseform · Zubereitungszeit: 15 Minuten · Ruhezeit: 2 Stunden und 45 Minuten

1 l Sojamilch natur • 25 ml Apfelessig • 5 g feines Meersalz (wenn gewünscht) • 1 kleine Ricotta-Käseform (siehe Seite 15)

Die Sojamilch in einem Topf zum Kochen bringen. Den Herd ausschalten, den Essig in die warme Milch gießen und mit einem Teigspatel verrühren. Die Milch sollte dabei sofort gerinnen.

Für einen salzigen Frischkäse das Salz dazugeben, gut einrühren und fortfahren wie bei geschmacksneutralem Käse.

Die geronnene Milch 45 Minuten stehen lassen. Dann vorsichtig in die Ricotta-Form füllen. Einige Minuten abtropfen lassen und mit dem Rücken eines Esslöffels leicht andrücken. Achten Sie darauf, dass der Käse nicht zerdrückt wird! Die Form abdecken und mindestens 2 Stunden in den Kühlschrank stellen, damit der Käse weiter abtropfen kann.

Zum Servieren einen kleinen Teller auf die Form legen und den Käse stürzen. Der Frischkäse sollte sich problemlos aus der Form lösen, wenn Sie leicht dagegen klopfen.

Frischkäse ist nur kurze Zeit haltbar. Nach 2 Tagen ist er zwar noch genießbar, hat aber seine Frische verloren.

Tipp: In der Ricotta-Käseform (siehe Foto gegenüber) kann der Frischkäse gut abtropfen, was ihm eine schnittfeste Konsistenz verleiht. Es gibt Käseformen aus Metall, Glas, Keramik, Terrakotta und sogar aus Holz. In Frankreich werden Käseformen Faisselle genannt – wie auch der darin gewonnene Frischkäse. Für den Hausgebrauch sind Formen aus hochwertigem, lebensmittelechtem Kunststoff am besten geeignet. Traditionelle Ricotta-Käseformen bekommen Sie bei spezialisierten Online-Shops im Internet (Bezugsquellen siehe Seite 74 f.).

Gesalzene Butter

Der bekannteste Butterersatz ist natürlich Margarine. Die aber oft im Geschmack nicht überzeugt und je nach Hersteller mehr oder weniger gehärtete Fette und andere künstliche Zusätze enthält. Die Suche nach der perfekten pflanzlichen Butter steht noch ganz am Anfang. Hier ist mein Beitrag dazu. Für meine Veggie-Butter spricht, dass sie ganz ohne Palm- und Fischöl auskommt und auch keine Buttermilch enthält.

Für 2 Stücke Butter à 230 Gramm · Zubereitungszeit: 10 Minuten · Ruhezeit: 2 Stunden

100 ml Sojamilch natur • 5 ml Apfelessig • 180 g geschmacksneutrales Kokosfett (siehe Seite 13) • 20 ml Olivenöl • 1 Kapsel mit Probiotika (*Lactobacillus acidophilus*, siehe Seite 13) • 1 g Xanthan (siehe Seite 14) • 10 g Sojalezithin (siehe Seite 13) • 3 g Fleur de Sel

Sojamilch und Apfelessig in einer Schüssel verrühren und 5 Minuten ziehen lassen. Das Kokosfett im Wasserbad schmelzen und mit dem Olivenöl, der Sojamilchmischung, dem Inhalt der Probiotika-Kapsel, dem Xanthan und dem Sojalezithin in den Mixer geben. Auf höchster Stufe 5 Minuten glatt mixen. Fleur de Sel dazugeben und weitere 30 Sekunden auf niedriger Stufe verarbeiten. Die Mischung sofort in eine rechteckige Form gießen und 1 Stunde in den Gefrierschrank stellen.

Aus der Form lösen und im Kühlschrank aufbewahren. Achten Sie darauf, die pflanzliche Butter vor Gebrauch 1 Stunde kühl zu stellen.

Die Butter ist in einer Butterdose aus Glas oder in Butterbrotpapier eingeschlagen im Kühlschrank mehrere Wochen haltbar. Im Gefrierschrank sogar monatelang.

Tipp: Wollen Sie lieber süße Butter machen? Dann lassen Sie einfach das Salz weg. Ob süß oder salzig, Sie können diese Butter als Brotaufstrich verwenden, nach Belieben, aber auch zum Braten.

Vanillejoghurt

Haben Sie auch bemerkt, dass die meisten pflanzlichen Joghurtsorten, die Sie im Laden kaufen können, ziemlich flüssig ausfallen – ganz anders als traditioneller Joghurt auf Vollmilchbasis? Als Kind mochte ich nur Joghurt, in dem der Löffel aufrecht stehen blieb. Um den Genuss aus alten Zeiten wiederaufleben zu lassen, habe ich dieses Rezept entwickelt.

Für 6 kleine Gläser à 125 Milliliter · Zubereitungszeit: 30 Minuten · Ruhezeit: 12 Stunden

1 Vanilleschote • 1 l selbst gemachte Sojamilch (Rezept Seite 20) • 20 g Rohrohrzucker • 10 mg Joghurtferment (siehe Seite 11)

Die Vanilleschote aufschlitzen und die Samen herauskratzen. Die Milch in einen großen Topf gießen. Zucker, Vanilleschote und Samen hineingeben. Die Milch unter ständigem Rühren aufkochen. Vom Herd nehmen und auf 40 °C abkühlen lassen. Dann die Joghurtkulturen mit einem Spatel aus Kunststoff unterrühren.

Die Gläser mit kochendem Wasser füllen, um sie zu sterilisieren, und umgedreht auf einem Geschirrtuch trocknen lassen. Die Joghurtmischung in die Gläser gießen und ohne Deckel 12 Stunden in den Gärautomaten oder einen Joghurtbereiter stellen.

Danach die Gläser mit einem Deckel gut verschließen und den Joghurt vor dem Essen im Kühlschrank aufbewahren. Dort ist er etwa 5 Tage haltbar.

Tipp: Wenn Sie zu den Menschen gehören, die Naturjoghurt lieber pur – ganz ohne Zusätze oder Aromen – essen, lassen Sie einfach Zucker und Vanille weg und verdoppeln die Menge des Joghurtferments.

Fruchtjoghurt

Auf den ersten Blick scheint es relativ einfach, Fruchtjoghurt selbst zu machen. Da aber jede Frucht einen unterschiedlichen Gehalt an Wasser, Zucker und Säure hat, schmeckt der fertige Joghurt oft ganz anders als erwartet. Nach der klassischen Methode werden die Früchte daher vor der Joghurtbereitung mit Zucker gekocht. Aber vielleicht haben Sie es ja gerade eilig oder lieben einfache Lösungen. Dann heißt das Zauberwort: Marmelade.

Für 6 kleine Gläser à 140 Milliliter · Zubereitungszeit: 30 Minuten · Ruhezeit: 8 Stunden

1 l selbst gemachte Sojamilch (Rezept Seite 20) • 200 g Aprikosenmarmelade • 20 mg Joghurtferment (siehe Seite 11) • 2 g Guarkernmehl (siehe Seite 11) • 5 g Johannisbrotkernmehl (siehe Seite 11)

Die Sojamilch in einem Topf auf 40 °C erhitzen. Die Marmelade dazugeben und mit einem Schneebesen gut einrühren. Den Topf vom Herd nehmen und die Joghurtkulturen mit einem Kunststoffspatel unter die Mischung ziehen. In den Mixer füllen, Guarkernmehl und Johannisbrotkernmehl dazugeben und alles auf höchster Stufe 2 Minuten pürieren.

Die Gläser zum Sterilisieren mit kochendem Wasser füllen und umgedreht auf einem Geschirrtuch trocknen lassen. Die Joghurtmasse in die Gläser gießen. Ohne Deckel 8 Stunden bei 35 °C in den Gärautomaten oder in einen Joghurtbereiter stellen.

Anschließend die Gläser mit einem Deckel verschließen und den Joghurt vor dem Verzehr im Kühlschrank aufbewahren. Dort ist er etwa 5 Tage haltbar.

Tipps: Ich habe für dieses Rezept Aprikosenmarmelade verwendet, natürlich können Sie diese ganz nach Belieben durch Ihre Lieblingsmarmelade ersetzen.

Ich stelle Fruchtjoghurt aus selbst gemachter Sojamilch her, da im Handel erhältliche Sojamilch meist zu wenig Soja enthält, wodurch der Joghurt zu wässerig wird und nicht mehr stichfest ist.

Crème Caramel

Wer kennt sie nicht, die zauberhaften kleinen Flans mit Karamellsauce, die man mithilfe einer Lasche am Boden des Bechers stürzen kann? Ein Klassiker, der Groß und Klein begeistert. Als Kind liebte ich *Crème Caramel* über alles. Deshalb fand ich es schrecklich, auf diesen Genuss verzichten zu müssen. Doch zum Glück ist es ganz einfach, diese Leckerei vegan selbst zuzubereiten.

Für 4 Puddingförmchen · Zubereitungszeit: 15 Minuten · Ruhezeit: 3 Stunden

Pudding: 65 g Rohrohrzucker • 15 g Maisstärke • 2 g Agar-Agar (siehe Seite 11) • 5 mg Kurkumapulver • 500 ml Sojamilch natur • 15 ml naturreiner Vanilleextrakt oder 3 TL Vanillepulver • **Karamellsauce:** 100 g Rohrohrzucker • 60 ml gefiltertes Wasser • 4 Puddingförmchen (siehe Seite 15)

Für den Pudding Zucker, Stärke, Agar-Agar und Kurkumapulver in einen Topf geben und vermischen. Die kalte Sojamilch darübergießen, den Vanilleextrakt hinzufügen und die Mischung mit dem Schneebesen gut verrühren. Bei mittlerer Hitze zum Kochen bringen, dabei ständig mit dem Schneebesen umrühren. Dann 1 volle Minute köcheln lassen, die Crème vom Herd nehmen und zur Seite stellen.

Für die Karamellsauce den Zucker in einen kleinen Topf geben und mit 30 Millilitern Wasser übergießen. Bei mittlerer Hitze erwärmen und schmelzen lassen, ohne umzurühren. Sobald das Karamell bernsteinfarben ist, die restlichen 30 Milliliter Wasser dazugeben und kräftig umrühren. Die glatte Sauce vom Herd nehmen.

Das Karamell auf vier Puddingförmchen verteilen und ein paar Minuten ruhen lassen. Dann die Creme darübergeben. Kurz abkühlen lassen und mindestens 3 Stunden in den Kühlschrank stellen.

Vor dem Servieren auf Teller stürzen. *Crème Caramel* ist im Kühlschrank etwa 1 Woche haltbar.

Tipp: Um dem Original aus meiner Kindheit möglichst nahezukommen, habe ich Puddingförmchen im klassischen Stil verwendet (siehe Foto gegenüber), bei denen sich Deckel und Boden abnehmen lassen. Sie sorgen für das maximale Retro-Erlebnis! Alternativ können Sie auch dekorative Glasformen verwenden und die *Crème Caramel* gleich darin servieren.

Mousse au Chocolat

Die feine Schokoladencreme ist die Königin unter den Desserts. Mit diesem Rezept stelle ich Ihnen meine vegane Kreation vor. Eine gesunde Variante des bekannten Klassikers und ein unwiderstehliches Geschmackserlebnis!

Für 6 Gläser à 140 Milliliter · Zubereitungszeit: 15 Minuten · Ruhezeit: mehrere Stunden

100 g ungesüßtes Kakaopulver, entölt • 160 g Vollrohrzucker • 45 g Maisstärke • 2 g Jota-Carrageenpulver (siehe Seite 11) • 1 l Sojamilch natur • 5 ml naturreiner Vanilleextrakt oder 1 TL Vanillepulver

Kakaopulver, Zucker, Stärke und Carrageenpulver in einer Schüssel vermischen. Ein feinmaschiges Sieb in einen großen Topf hängen und die Stärkemischung durchsieben. Die kalte Sojamilch dazugießen und die Zutaten mit einem Schneebesen kräftig verrühren. Den Vanilleextrakt hinzufügen und erneut gut durchrühren. Bei mäßiger Hitze unter ständigem Rühren erwärmen.

Die Mousse vom Herd nehmen, sobald sie zu kochen beginnt. In ein großes Glasgefäß gießen und mit Frischhaltefolie luftdicht verschließen. Vollständig erkalten lassen und die Folie entfernen.

Die Mousse au Chocolat mit dem Schneebesen aufschlagen, bis sie homogen ist.

In kleine Gläser füllen und kalt stellen. Im Kühlschrank ist die Mousse au Chocolat etwa 1 Woche haltbar.

Tipp: Sind Sie ein Mousse-au-Chocoholic? Dann geben Sie vor dem Servieren einen Klecks pflanzliche Sahne auf die Mousse und dekorieren Sie sie mit einer Amarenakirsche. Das verfehlt seine Wirkung garantiert nicht! Für eine noch aromatischere Mousse können Sie den Vanilleextrakt durch 1 Esslöffel naturreinen Kaffee-Extrakt ersetzen.

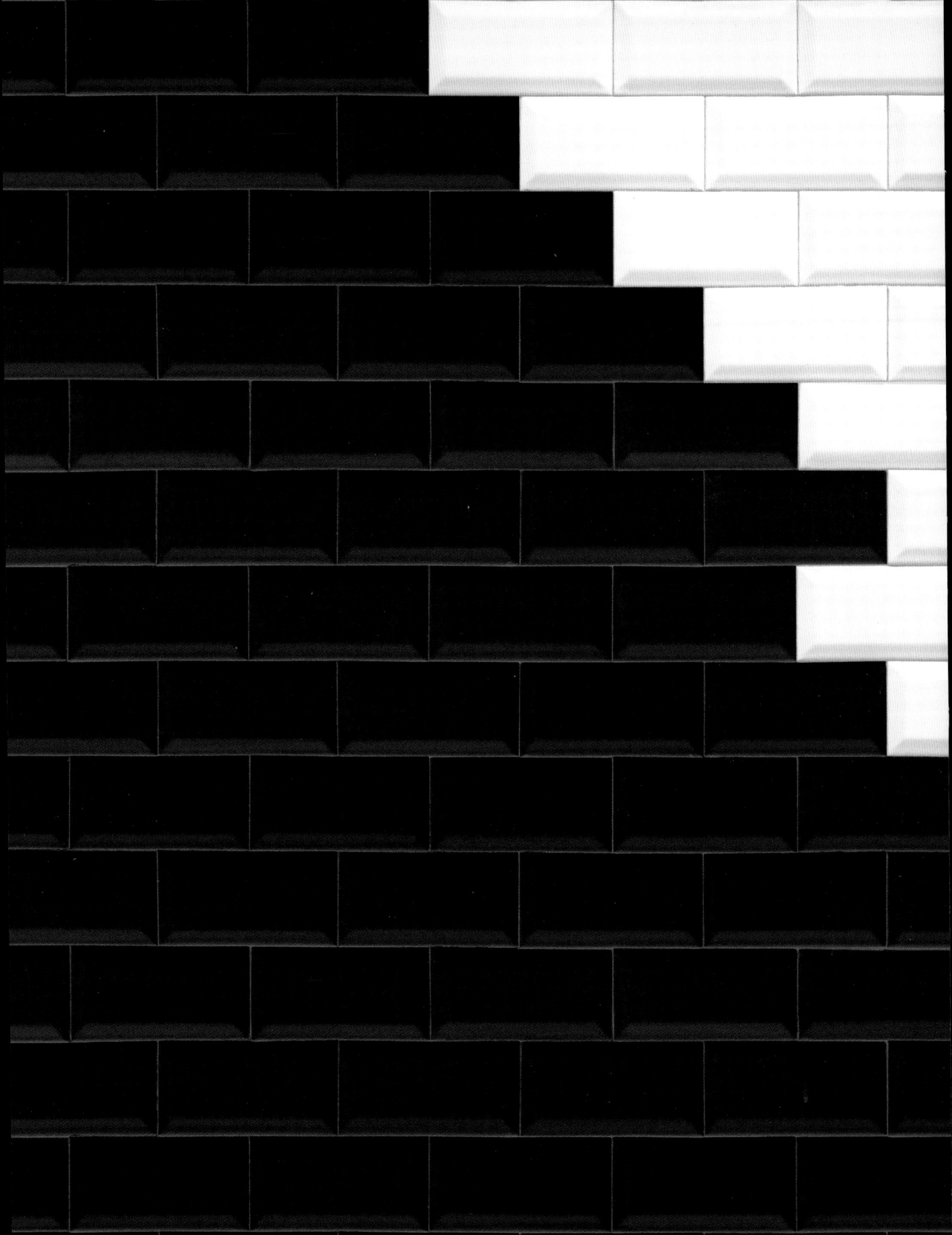

Ziegenkäserolle
(Bûche de chèvre)

Ziegenkäse gehört zu jenen Spezialitäten, an denen sich die Geister scheiden. Entweder man liebt ihn oder man findet ihn ganz schrecklich. Was ich am Ziegenkäse mag, sind seine Geschmacksnoten von Unterholz und frischen Pilzen sowie seine herzhaft-bittere Note. Das hat mich dazu inspiriert, diese einzigartige Bûche zu entwickeln. Lassen Sie sich überraschen.

Für 1 Rolle à 240 Gramm · Zubereitungszeit: 20 Minuten · Ruhezeit: 6 Stunden

200 g Tempeh natur • 30 ml Sojamilch natur • 20 g Tahin (Sesammus) • 5 ml Zitronensaft • 3 g feines Meersalz • 1 g Knoblauchpulver • 15 g Meerrettich, ungeschwefelt (siehe Seite 13) • 3 Kapseln mit Probiotika (*Lactobacillus acidophilus*, siehe Seite 13) • Reismehl zum Bestäuben (Menge nach Bedarf) • Bambusmatte

Tempeh in kleine Stücke schneiden. Zusammen mit der Sojamilch in eine Küchenmaschine mit Hackmesser geben und auf höchster Stufe 3 Minuten pürieren. Sesammus, Zitronensaft, Salz und Knoblauchpulver dazugeben und weitere 5 Minuten pürieren, bis eine cremige Masse entsteht. Die Masse in der Rührschüssel glatt streichen, Meerrettich und den Inhalt der Probiotika-Kapseln hinzufügen. Zum letzten Mal bis 2 Minuten mixen.

Eine Bambusmatte (wie für Sushi) ausbreiten und mit Reismehl bestäuben. Masse mit den Händen zu einer möglichst gleichmäßigen Rolle formen. Dann die Rolle längs an den Rand der Matte legen und an den Enden zusammenschieben, sodass sie die Form eines Zylinders annimmt. Danach die Matte vorsichtig aufrollen.

Bei Zimmertemperatur 3 Stunden ruhen lassen, anschließend weitere 3 Stunden in den Kühlschrank stellen. Jetzt ist die Ziegenkäserolle zum Verzehr bereit. Sie ist im Kühlschrank etwa 1 Woche haltbar.

Tipp: Natürlich können Sie den veganen Ziegenkäse einfach pur essen. Oder Sie schneiden eine dicke Scheibe davon ab und legen diese auf eine dünne Scheibe Brot. Beträufeln Sie den Käse mit etwas Olivenöl und streuen Sie frischen Thymian oder Basilikum sowie etwas mild-fruchtigen *Pimentón d'Espelette* darüber. Im Backofen 3 bis 4 Minuten (auf Grillsymbol stellen) überbacken – das Ergebnis wird Sie überraschen.

Kräuterfrischkäse
(Ail et fines herbes)

Etwas Brot und Wein ... dazu einen leckeren Kräuterfrischkäse. Ein Klassiker, der schon so oft neu interpretiert wurde, dass die vegane Variante einfach ein Muss ist. Die Zubereitung dieses herrlich aromatischen Brotaufstrichs ist ganz einfach und er eignet sich bestens als Füllung für frische Teigwaren, zum Verfeinern von gebackenem Gemüse oder lässt sich – mit veganer Sahne vermischt – in eine köstliche Sauce verwandeln.

Für 1 Schälchen à 300 Milliliter · Zubereitungszeit: 15 Minuten · Ruhezeit: 24 Stunden

200 g fermentierter Tofu natur (siehe Seite 13) • 100 g Seidentofu • 5 ml Olivenöl • 4 g feines Meersalz • 1 Knoblauchzehe, zerdrückt • etwa 5 g glatte Petersilie • etwa 5 g Schnittlauch • etwa 5 g Kerbelblättchen

Den fermentierten Tofu in kleine Stücke schneiden und in den Mixer geben. Mit dem Seidentofu vermischen und pürieren. Olivenöl, Salz und den gepressten Knoblauch hinzufügen und erneut mixen. Die Kräuter dazugeben und zu einer homogenen Masse verarbeiten.

In ein Schälchen füllen und mit Frischhaltefolie abdecken. Vor dem Servieren 24 Stunden kühl stellen. Höchstens 3 Tage im Kühlschrank aufbewahren.

Tipp: Für die traditionelle Gewürzkräutermischung können Sie natürlich auch andere Aromen verwenden, indem Sie einfach die Mengenverhältnisse des Rezepts beibehalten. Was halten Sie von einer Version mit roten Schalotten, Estragon, Basilikum und Fenchelsamen?

Veganer Feta in Öl

Mit diesem Rezept habe ich einen Abstecher in die Mittelmeerregion, die Wiege des Fetas und seiner typischen Konservierungsmethode, gemacht. Seine vegane Zubereitung ist ein Kinderspiel, wenn Sie den Feta-Käse einfach durch Tofuwürfel ersetzen. Mit einem guten Olivenöl und etwas Geduld verleihen Sie ihm sein besonderes Aroma. Je länger der Tofu in dem aromatisierten Öl ruht, desto würziger schmeckt er. Dabei verändert sich auch seine Konsistenz.

Für 2 Gläser à 350 Milliliter · Zubereitungszeit: 10 Minuten · Ruhezeit: mindestens 48 Stunden

200 g fermentierter Tofu natur (siehe Seite 13) • 1 Prise *Pimentón d'Espelette* (siehe Seite 13) • 2 g Fenchelsamen • 1 Prise getrockneter Oregano • 1 g ganze rosa Pfefferkörner • 3 g feines Meersalz • 150 ml Olivenöl • 2 Zweiglein frischer Rosmarin

Den Tofu in 1,5 Zentimeter große Würfel schneiden. In einem Gefäß *Pimentón d'Espelette*, Fenchelsamen, Oregano, Pfefferkörner und Salz vermischen. Mit etwas Öl gut verrühren, bevor Sie das restliche Öl dazugeben. Die Hälfte des aromatisierten Öls auf die beiden Gläser verteilen, dann die Gläser mit je 1 Zweig Rosmarin und den Tofuwürfeln füllen. Den Rest des Öls darübergießen.

Die Gläser verschließen und bei Raumtemperatur mindestens 2 Tage ziehen lassen. Danach ist der Feta im Kühlschrank problemlos 1 Monat haltbar.

Tipp: Olivenöl wird im Kühlschrank meist fest. Daher sollten Sie den Feta mindestens 20 Minuten vor dem Servieren herausnehmen.

Weichkäse
(Boulette d'Avègne)

Im Norden Frankreichs treffen wir auf den regionaltypischen, aber ansonsten wenig bekannten Weichkäse. Er wird aus *Fromage blanc* (Quark) gewonnen, der bei der *Maroilles*-Herstellung entsteht, und hat daher einen weniger kräftigen Geschmack. Das gilt auch für meine vegane Variante, bei der ich die traditionellen Geschmacksnoten dieses Weichkäses aufgenommen habe, um sein typisches Aroma zu kreieren.

Für 3 Käsekegel · Zubereitungszeit: 40 Minuten · Einweichzeit: 24 Stunden · Ruhezeit: 12 Stunden

200 g Mandeln • 100 ml gefiltertes Wasser • 50 g helle Misopaste (siehe Seite 13) • 30 g Meerrettich, ungeschwefelt (siehe Seite 13) • 5 Gewürznelken • 5 g feines Meersalz • 10 g Estragon • 5 La-Mo-Long-Blätter (*Paederia lanuginosa*, siehe Seite 13) • 5 ml Apfelessig • 1 Msp. frisch gemahlener schwarzer Pfeffer • 15 g Würz-Hefeflocken (siehe Seite 13 f.) • 2 Kapseln mit Probiotika (*Lactobacillus acidophilus*, siehe Seite 13) • edelsüßes Paprikapulver zum Bestäuben (Menge nach Bedarf)

Zunächst die Mandeln unter fließendem Wasser abspülen und in einem großen Topf mit kaltem Wasser 24 Stunden einweichen. Anschließend die braune Schale entfernen. Die Mandeln mit 100 Millilitern kaltem Wasser im Mixer zu einem Püree verarbeiten. Misopaste, Meerrettich, Gewürznelken und Salz dazugeben und erneut pürieren, bis eine glatte Mischung entsteht. Die Blätter von Estragon und *Paederia lanuginosa* fein hacken und zur Mischung geben. Essig, Pfeffer, Würz-Hefeflocken und den Inhalt der Probiotika-Kapseln hinzufügen und das Ganze zu einer dickflüssigen Creme pürieren. Diese 30 Minuten ruhen lassen.

Ein Abtropfsieb mit Seihtuch in eine Salatschüssel stellen. Ein Drittel der Mischung in das Sieb geben und ausdrücken, damit die überschüssige Flüssigkeit ablaufen kann. Die Masse mit dem Tuch aus dem Sieb heben und in eine Schüssel geben, dann mit dem Rest der Mischung ebenso verfahren.

Auf diese Weise erhalten Sie etwa 180 Gramm veganen Käse. In 3 Portionen aufteilen und jede Portion zu einem Kegel formen. Auf einen Teller stellen und großzügig mit Paprikapulver bestäuben. Dann die Kegel in Paprikapulver wenden, bis sie vollständig ummantelt sind. Die 3 Käsekegel auf ein Gitter stellen und 12 Stunden an der Luft trocknen lassen.

In Frischhaltefolie eingewickelt, sind sie im Kühlschrank gut 1 Woche haltbar.

Tipp: Für diesen Weichkäse habe ich Blätter der La-Mo-Long-Pflanze aus der vietnamesischen Küche verwendet, deren natürlicher Geschmack dem Aroma des *Maroilles*-Käse ähnelt. Sie können sie auch einfach weglassen. Sie hat keinen Einfluss auf die Konsistenz.

Rahmfrischkäse

Der streichfähige Frischkäse mit sahnigem Geschmack gehört weltweit zu den verbreitetsten Käsesorten. Je nach Land heißt und schmeckt er allerdings etwas anders (in Deutschland z. B. Doppelrahmfrischkäse), ohne seine charakteristische Note zu verlieren. Er gehört zu den Grundzutaten für die Zubereitung von Bagels und lässt sich auch gut für Käsekuchen verwenden.

Für 1 Glas à 200 Milliliter · Zubereitungszeit: 10 Minuten · Ruhezeit: 12 Stunden

1 kleine Ricotta-Form Frischkäse (Rezept Seite 28) • 100 g veganer Sauerrahm aus Soja (z. B. *Soyananda*, Bezugsquellen siehe Seite 74 f.) • 5 g rosafarbenes Himalaja-Salz • 1 Kapsel mit Probiotika (*Lactobacillus acidophilus*, siehe Seite 13)

Den Frischkäse in einer Schüssel mit der Gabel zerdrücken, den Soja-Sauerrahm dazugeben, salzen und den Inhalt der Probiotika-Kapsel darüberstreuen. Die Zutaten gut vermischen und in den Mixer geben.

Auf höchster Stufe 2 bis 3 Minuten pürieren, bis eine glatte Creme entsteht.

In einem luftdicht verschließbaren Behälter 12 Stunden kühl stellen und Sie erhalten einen überaus sahnigen, streichfähigen Frischkäse, der im Kühlschrank 3 Tage haltbar ist.

Tipp: Dieses klassische Rezept für Doppelrahmfrischkäse können Sie nach Belieben abwandeln, um dem Käse mehr Charakter zu verleihen: Mit 1 Messerspitze *Pimentón d'Espelette*, etwas grob gemahlenem schwarzem Pfeffer, Currypulver oder auch frischen Kräutern wie Dill oder Basilikum haben Sie ihn im Nu in eine raffinierte vegane Delikatesse verwandelt.

Münsterkäse mit Kümmel
(Munster au cumin)

Münsterkäse erinnert mich an meine Kindheit. Er stammt aus dem Elsass und ist sowohl für seinen pikanten Geschmack als auch für seinen intensiven Geruch bekannt. Sicherlich hat mein veganer *Munster au cumin* den einzigartigen Charakter des Originals bewahrt.

Für 2 Käselaibe à 180 Gramm · Zubereitungszeit: 30 Minuten · Ruhezeit: 48 Stunden

500 g festkochende Kartoffeln, am besten die Sorte Agata • 20 g Würz-Hefeflocken (siehe Seite 13 f.) • 3 g feines Meersalz • 2 g gemahlener Kümmel • 110 ml Rapsöl • 50 ml Weißwein • 15 ml Sojamilch natur • 3 g Agar-Agar (siehe Seite 11) • 2 g Knoblauchpulver • 30 g biologische Würz-Hefepaste (siehe Bezugsquellen Seite 74 f.) • 10 g Annatto-Samen (siehe Seite 11) • Maisstärke zum Einreiben (Menge nach Bedarf) • 2 runde Käseformen (mit 10 cm Durchmesser, siehe Seite 15)

Die Kartoffeln waschen, schälen, in große Stücke schneiden und etwa 15 Minuten kochen. Überprüfen Sie, ob die Kartoffeln gar sind, indem Sie sie mit einer Messerspitze anstechen. Die weichen Kartoffeln abgießen, 10 Minuten abkühlen lassen.

Die Kartoffelstücke in eine Küchenmaschine mit Hackmesser geben. Würz-Hefeflocken, Salz, gemahlenen Kümmel und 50 Milliliter des Rapsöls dazugeben. Die Masse zu einem zähflüssigen Püree verarbeiten.

Weißwein und Sojamilch mit Agar-Agar und Knoblauchpulver in einem Topf zum Sieden bringen und etwa 1 Minute köcheln lassen, dabei ständig mit dem Schneebesen umrühren. Die Flüssigkeit zu dem Püree gießen, die Würz-Hefepaste hinzufügen und erneut rühren, bis eine homogene Masse entsteht.

Einen Teller mit Backpapier auslegen und die beiden Käseformen darauf platzieren. Die Mischung gleichmäßig aufteilen und glatt streichen. Den Teller sachte auf die Arbeitsfläche klopfen, damit sich die Masse gut verteilt. Über Nacht kühl stellen, dann die Formen abnehmen. Vor dem Einfärben noch eine Nacht in den Kühlschrank stellen.

Die Käsefärbung wie folgt vorbereiten: In einem kleinen Topf die Annatto-Samen mit den restlichen 60 Millilitern Rapsöl zum Kochen bringen, damit das Öl eine leuchtend orangerote Farbe annimmt. Sobald das Öl zu sieden anfängt, vom Herd nehmen, abseihen, erkalten lassen und in einem kleinen Glasfläschchen aufbewahren.

Die Käselaibe mit Maisstärke einreiben, mit Annatto-Samen-Öl bepinseln, 5 Minuten ruhen lassen und erneut mit Maisstärke einreiben.

Vor dem Verzehr im Kühlschrank aufbewahren, wo der Käse 1 Woche haltbar ist.

Tipp: Die Annatto-Samen verleihen dem Münsterkäse seine typisch orangerote Färbung. Sie werden auch für traditionellen *Munster* verwendet.

Räucherkäse mit Aschehaut
(Cendré fumé)

Ein fester Käse mit intensivem Geschmack. Ich habe mich für dieses Rezept von einem südamerikanischen Käse auf Reisbasis inspirieren lassen. Seine rauchige Geschmacksnote ist jedoch eher typisch für englische oder italienische Käsesorten. Eine wahrlich internationale Mischung, neu interpretiert à la française. Lassen Sie sich überraschen von diesem köstlichen Räucherkäse!

Für 3 Käselaibe à 120 Gramm · Zubereitungszeit: 30 Minuten · Ruhezeit: 24 Stunden

180 g Basmatireis • 500 ml gefiltertes Wasser • 5 g feines Meersalz • 1 g Knoblauchpulver • 3 g Zwiebelpulver • 10 g Würz-Hefeflocken (siehe Seite 13 f.) • 5 ml Liquid-Smoke-Raucharoma (Bezugsquellen siehe Seite 74 f.) • 15 ml Apfelessig • 15 g geschmacksneutrales Kokosfett (siehe Seite 13) • 5 g Maisstärke • 2 g Aktivkohlepulver (Bezugsquellen siehe Seite 74 f.) • 3 runde Käseformen (mit 8 cm Durchmesser, siehe Seite 15)

Reis und Wasser in einen Topf geben. Auf mittlerer Hitze zugedeckt etwa 15 Minuten kochen, bis das Wasser vollständig aufgesogen ist. Den Reis zum Auskühlen auf einer Platte verteilen.

Reis, Salz, Knoblauch- und Zwiebelpulver, Würz-Hefeflocken, Raucharoma, Apfelessig sowie das zerlassene Kokosfett in eine Küchenmaschine mit Hackmesser geben. Auf höchster Stufe zu einer glatten Masse pürieren. Sie ist in diesem Zustand noch recht klebrig.

Die drei Käseformen auf einen flachen Teller stellen, gleichmäßig mit der Masse füllen und diese mit dem Rücken eines Esslöffels jeweils fest in die Form drücken.

Die Käselaibe 24 Stunden kühl stellen. Am nächsten Tag den Käse aus den Formen herausnehmen.

Maisstärke und Aktivkohle zusammen in ein Schälchen sieben und gut vermischen. Den Käse von allen Seiten darin rollen. Nun ist er zum Verzehr bereit.

In Küchenpapier eingeschlagen, ist der Cendré fumé im Kühlschrank etwa 5 Tage haltbar.

Tipp: Die feine Aschehautkruste verleiht dem Cendré fumé optisch seinen einzigartigen Charakter, aber keinen speziellen Geschmack. In der Aufbewahrung ist die Aschehaut allerdings etwas heikel: Wenn Ihr Kühlschrankklima eher feucht ist, verflüssigt sich die Aktivkohle recht schnell. In diesem Fall sollten Sie den Käse vor dem Servieren gut abwischen und erneut in der Maismehl-Kohle-Mischung wenden.

Walnusskäse
(Fromage aux noix)

Besonders Franzosen haben die Gewohnheit, ein klassisches Menü mit Käse und (Trocken-)Früchten abzurunden. Warum also nicht beides zugleich? Ich mag Walnüsse eigentlich nicht besonders, weil sie oft einen bitteren Nachgeschmack haben. Doch in der Mischung mit anderen Nüssen verschwindet dieser ganz von selbst und das einzigartige Aroma dieser köstlichen Nusssorte wird zum Geschmackserlebnis.

Für 2 Käselaibe à 100 Gramm · Zubereitungszeit: 20 Minuten · Einweichzeit: 8 Stunden · Ruhezeit: 12 Stunden

50 g Walnüsse (möglichst die Sorte Noix de Grenoble) • 100 g rohe Cashewkerne • 30 ml Sojamilch natur • 20 g geschmacksneutrales Kokosfett (siehe Seite 13) • 10 g *Moutarde de Meaux* (wahlweise anderer aromatischer Senf) • 2 g feines Meersalz • 2 Kapseln mit Probiotika (*Lactobacillus acidophilus*, siehe Seite 13) • 1 g grob gemahlener schwarzer Pfeffer

Zuerst Walnüsse und Cashewkerne getrennt 8 Stunden lang einweichen und anschließend sorgfältig abgießen. Die Cashewkerne mit der Sojamilch im Mixer zu einer feinen Creme pürieren. Flüssiges Kokosfett (falls nötig im Wasserbad zergehen lassen), Senf, Salz und den Inhalt der Probiotika-Kapseln dazugeben und erneut mixen, bis eine homogene Masse entsteht.

Diese in eine hohe Schüssel füllen. Zwei Nusskerne zum Dekorieren beiseitelegen. Den Rest der Walnüsse fein hacken. Die Hälfte der zerkleinerten Walnüsse in die Cashewmasse einrühren und das Ganze mit grob gemahlenem Pfeffer bestreuen. Gut durchmengen und 4 Stunden in den Kühlschrank stellen.

Die Masse in zwei gleich große Portionen aufteilen und mit den Händen zwei runde Käselaibe formen. Sie können dafür auch zylindrische Käseformen (siehe Seite 15) verwenden, damit der Käse gleichmäßig rund ist.

Die beiden Käselaibe in den restlichen gehackten Walnüssen wenden, bis sie gleichmäßig mit Nussstücken bedeckt sind. Auf jedem Käselaib mittig einen Nusskern platzieren und vorsichtig andrücken.

Vor dem Verzehr 8 Stunden auf einer mit Backpapier belegten Platte kühl stellen. Der Käse ist im Kühlschrank 1 Woche haltbar.

Tipp: Sie mögen keine Walnüsse? Dann ersetzen Sie diese wie im Rezept angegeben einfach durch Haselnüsse, Sonnenblumenkerne oder grob gemahlene, geröstete Pinienkerne.

Bierkäse (Goudalois)

Cashewkäse ist zu einem Klassiker der veganen Küche geworden. Die gesunden Kerne haben von Natur aus käseähnliche Geschmacksnoten und lassen sich sehr gut verarbeiten. Doch ihren Geschmack finde ich ein bisschen langweilig. Deshalb habe ich versucht, meinem *Goudalois* mehr aromatische Finesse zu verleihen.

Für 2 Käselaibe à 220 Gramm · Zubereitungszeit: 10 Minuten · Einweichzeit: 8 Stunden · Ruhezeit: 2 Stunden

150 g rohe Cashewkerne • 150 ml helles Lagerbier • 40 g Würz-Hefeflocken (siehe Seite 13 f.) • 5 g Paprikapulver mit Räucheraroma (Pimentón de la Vera, Bezugsquellen siehe Seite 74 f.) • 3 g Wasabipaste • 20 g helle Misopaste (siehe Seite 13) • 2 g Knoblauchpulver • 4 g feines Meersalz • 10 g Agar-Agar (siehe Seite 11) • 2 runde Käseformen (mit 8 cm Durchmesser, siehe Seite 15)

Die Cashewkerne gründlich abspülen und 8 Stunden in einer großen Schüssel mit kaltem Wasser einweichen. Abgießen, erneut abspülen und beiseitestellen.

Bier, Würz-Hefeflocken, Paprikapulver, Wasabipaste, Miso, Knoblauchpulver und Salz im Mixer zu einer glatten Flüssigkeit verarbeiten.

Dann 200 Milliliter Wasser in einen flachen Topf geben und Agar-Agar nach und nach dazugeben. Mit dem Schneebesen verrühren, bei mittlerer Hitze aufkochen lassen und dann die Flüssigkeit unter ständigem Rühren 1 Minute köcheln lassen. Sofort zu der Nussmischung in den Mixer geben und auf höchster Stufe 1 Minute pürieren, bis die Masse bindet.

Einen Teller mit Backpapier auslegen und zwei Käseformen darauf platzieren. Zu gleichen Teilen mit der Mischung füllen. Teller leicht auf die Arbeitsfläche klopfen, damit sich die Käsemasse gleichmäßig verteilt.

Den *Goudalois* 2 Stunden kühl stellen und anschließend aus den Formen nehmen.

In Küchenpapier einschlagen und im Kühlschrank aufbewahren, wo der Käse 1 Woche haltbar ist.

Tipp: Ich habe für dieses Rezept *La Goudale*, ein obergäriges Bier aus Flandern, gewählt, das diesem französischen Käse seinen Namen verleiht. Diese Biersorte mit vergleichsweise hohem Alkoholgehalt ist recht würzig im Geschmack. Das verleiht dem Käse mehr Charakter. Sie können aber auch andere Biersorten, ja selbst alkoholfreies Bier verwenden, und so unterschiedliche Geschmacksakzente setzen.

Blauschimmelkäse
(Bleu)

Was Käsesorten wie *Roquefort* oder *Bleu de Bresse* so interessant macht, ist der Kontrast zwischen dem weißen Käse und den blaugrünen Edelpilzadern. Die beiden Bestandteile unterscheiden sich in Geschmack und Konsistenz. Diesen Effekt wollte ich auch bei meinem eher untypischen Cashewkäse erzielen. Zugegeben, es dauert eine Weile, bis er genussfertig ist, aber Ihre Geduld wird fürstlich belohnt.

Für 1 Käselaib à 180 Gramm · Zubereitungszeit: 15 Minuten · Einweichzeit: 8 Stunden · Ruhezeit: 1 Woche

120 g rohe Cashewkerne • 25 ml gefiltertes Wasser • 5 ml Apfelessig • 4 Kapseln mit Probiotika (*Lactobacillus acidophilus*, siehe Seite 13) • 1 g Knoblauchpulver • 3 g feines Meersalz • 10 g Kakaobutter (siehe Seite 11) • 20 g Püree aus gerösteten Kürbiskernen (siehe unten, „Tipp") • 4 La-Mo-Long-Blätter (*Paederia lanuginosa*, siehe Seite 13) • 1 runde Käseform (mit 8 cm Durchmesser, siehe Seite 15)

Die Cashewkerne abspülen und 8 Stunden in einer großen Schüssel mit kaltem Wasser einweichen. Abgießen, in die Rührschüssel einer Küchenmaschine mit Hackmesser geben, 25 Milliliter kaltes Wasser und den Apfelessig hinzufügen. Auf höchster Stufe zu einer möglichst glatten Creme pürieren. Den Inhalt der Probiotika-Kapseln, Knoblauchpulver und Salz dazugeben und erneut mixen. Die Kakaobutter im Wasserbad schmelzen und hinzufügen. Ein weiteres Mal mixen, bis die Masse homogen ist.

Die Käseform auf Backpapier stellen und die Creme hineinfüllen. Mit dem Rücken eines Esslöffels glatt streichen. Den Blauschimmelkäse 3 Tage lang in einer luftdicht verschließbaren Dose im Kühlschrank aufbewahren.

Aus der Form nehmen und in mehrere unterschiedlich große Stücke brechen. Die Innenseite der Stücke mit dem Kürbiskernpüree bestreichen und die Stücke wieder zu einem Käse zusammenfügen. Diesen wieder in die Form legen, mit dem Rücken eines Esslöffels festdrücken und nach 24 Stunden aus der Form nehmen.

Die La-Mo-Long-Blätter um den Käse wickeln und den Laib in Frischhaltefolie einpacken. Vor dem Verzehr 3 Tage in den Kühlschrank stellen. Während dieser Zeit den Blauschimmelkäse alle 24 Stunden wenden und das Kondenswasser, das sich im Inneren der Dose gebildet hat, mit Küchenpapier wegtupfen.

Der Blauschimmelkäse ist im Kühlschrank etwa 1 Woche haltbar.

Tipp: Das Püree aus gerösteten Kürbiskernen erinnert entfernt an den Geschmack von Gorgonzola. Rösten Sie dafür die Kürbiskerne in der Pfanne an und pürieren Sie sie dann mit etwas Wasser im Mixer zu einer stichfesten Masse.

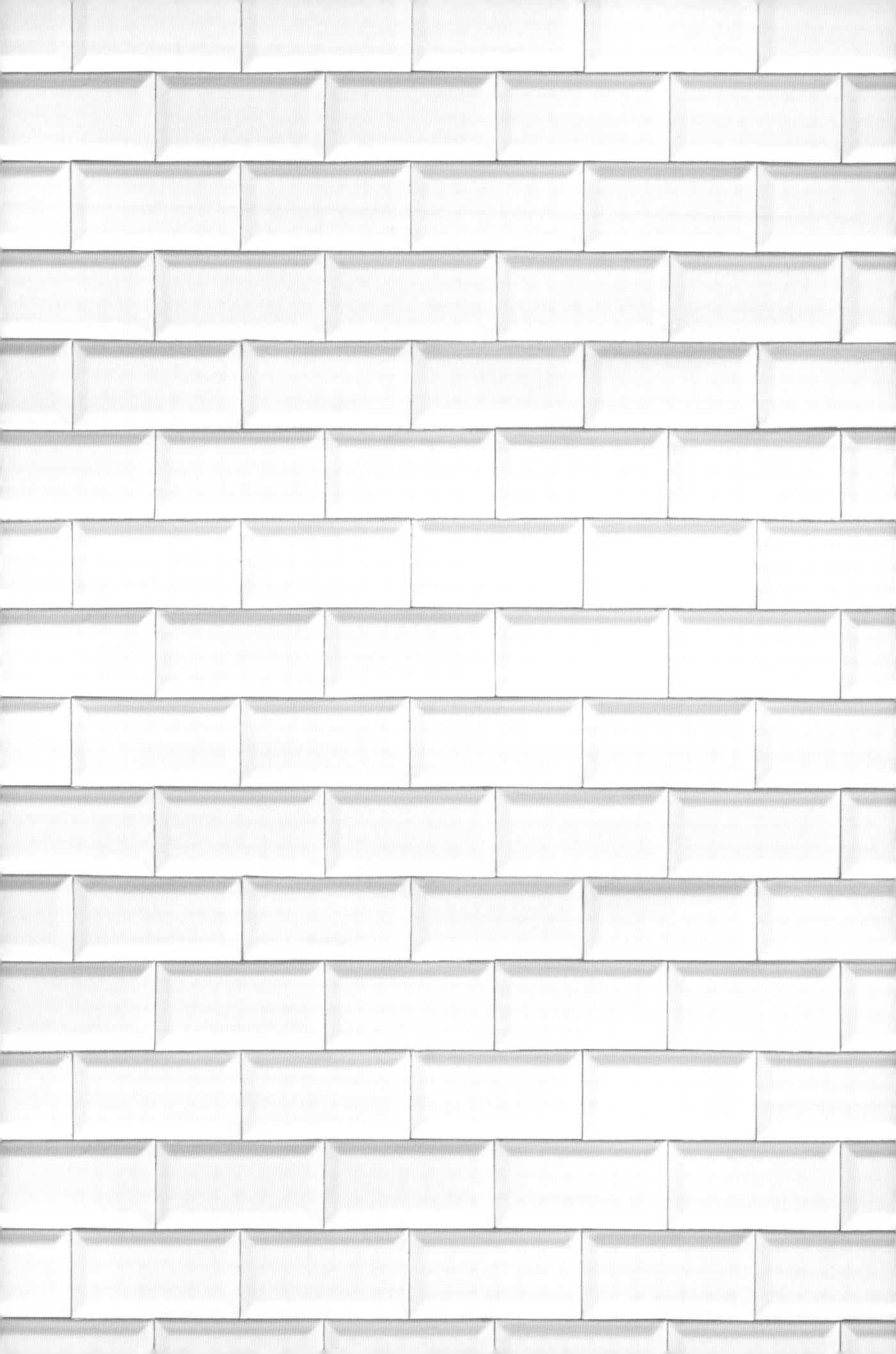

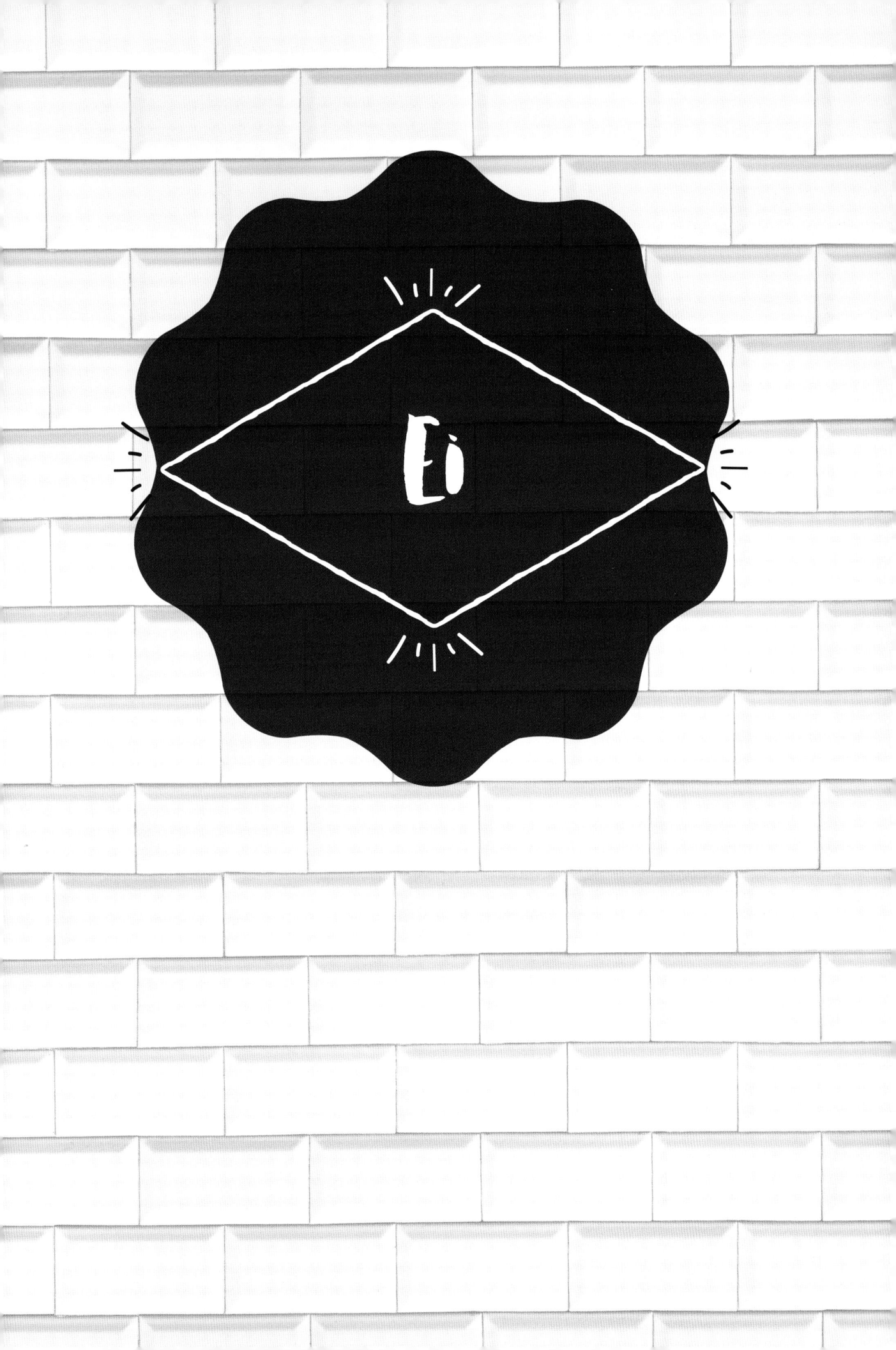

Spiegelei

Eines der ersten Gerichte, die man als Kind zuzubereiten lernt. Ich hätte mir nie träumen lassen, dass ich diesen Klassiker einmal vegan zubereiten würde. Doch als ich zum ersten Mal Kala-Namak-Salz probiert habe, stand mein Entschluss fest. Es war nicht ganz einfach, dieses Rezept auszutüfteln. Probieren Sie es selbst!

Für 6 Spiegeleier · Zubereitungszeit: 10 Minuten · Ruhezeit: 2 Stunden · Garzeit: 2 bis 4 Minuten

<u>Eigelb:</u> 150 ml Sojamilch natur • 50 ml Rapsöl • 5 g Würz-Hefeflocken (siehe Seite 13 f.) • 2 g Sojalezithin (siehe Seite 13) • 2 g Maisstärke • 2 g Kala-Namak-Salz (siehe Seite 11 f.) • 1 g Kurkumapulver • 1 g Xanthan (siehe Seite 14) • <u>Eiweiß:</u> 100 g Seidentofu (siehe Seite 13) • 60 ml Sojamilch natur • 10 g Reismehl • 10 g Maisstärke • 2 g Guarkernmehl (siehe Seite 11) • 1 g feines Meersalz

Pflanzenöl zum Einfetten (Menge nach Bedarf) • frisch gemahlener schwarzer Pfeffer zum Bestreuen (Menge nach Bedarf) • Backform für Kuchen am Stiel (Cake Pops)

Dieses Rezept wird in zwei Schritten umgesetzt.

Für das Eigelb alle Zutaten in ein hohes Gefäß geben und mit einem Stabmixer etwa 2 Minuten pürieren. Wenn Ihre Würz-Hefeflocken zu grob ausfallen, streichen Sie sie vorher durch ein Sieb, damit sie feiner werden.

Verwenden Sie dafür am besten eine Backform für Kuchen am Stiel mit halbkugeligen Mulden von etwa 3 Zentimetern Durchmesser. Füllen Sie alle Mulden bis zum Rand und lassen Sie die Masse im Gefrierschrank etwa 2 Stunden lang fest werden.

Für das Eiweiß ebenfalls alle Zutaten in ein hohes Gefäß geben und mit dem Stabmixer 2 Minuten pürieren. Bei Raumtemperatur 10 Minuten ruhen lassen. Das Gefäß auf eine ebene Fläche klopfen, damit eventuell vorhandene Luftblasen entweichen können.

Zum Garen etwas Öl in der Pfanne auf hoher Flamme erhitzen. Für jedes Ei 1 Esslöffel der Eiweißmasse hineingießen und sofort mit dem Rücken des Löffels vorsichtig flach drücken. Ein Eigelb aus der Form lösen und nach etwa 30 Sekunden Garzeit in die Mitte des Eiweißes setzen. Bei mittlerer Hitze weitere 3 Minuten braten, ohne das Ei zu berühren. Das Eigelb wird rasch zerlaufen.

Das Spiegelei mit frisch gemahlenem schwarzem Pfeffer bestreuen und sofort servieren.

Tipp: Bei den Zutaten für das Eigelb habe ich bewusst die vierfache Menge angegeben. So können Sie gleich einen Vorrat davon anlegen und diesen im Gefrierschrank aufbewahren. Das Eigelb ist sehr gut haltbar und kann auch für andere Eierspeisen aus diesem Buch verwendet werden.

Rührei

Rühreier sind beim Brunchen einfach ein Muss. In meiner Küche hat sich die vegane Version auf Tofubasis bewährt. Das Rührei schmeckt ganz vorzüglich, ist einfach und schnell zubereitet und bringt eine interessante Abwechslung auf den Frühstückstisch.

Für 2 Personen · Zubereitungszeit: 15 Minuten

250 g fester Tofu natur (siehe Seite 13) • 3 g schwarzes Kala-Namak-Salz (siehe Seite 11 f.) • 3 g Kurkumapulver • 5 ml Apfelessig • 100 g Seidentof • 5 ml Rapsöl • ein paar Schnittlauchröllchen zum Garnieren • frisch gemahlener schwarzer Pfeffer zum Abschmecken

Den Tofu abtropfen lassen und mit den Fingern in eine Salatschüssel fein zerkrümeln. Salz, Kurkuma, Essig und Seidentofu in einer weiteren Schüssel zu einer glatten Creme verrühren. Die Mischung über die Tofukrümel geben und beides gut vermengen. Das Rapsöl hinzufügen, erneut gut durchrühren und 5 Minuten ruhen lassen.

In einer Pfanne wenig Öl erhitzen und die Creme hineingeben. Den Ei-Ersatz auf mittlerer Flamme unter ständigem Rühren maximal 5 Minuten garen, damit das Rührei nicht zu trocken wird.

Auf zwei Schälchen verteilen, mit den Schnittlauchröllchen bestreuen und mit frisch gemahlenem schwarzem Pfeffer abschmecken.

Tipp: Das Rührei in der Pfanne zuzubereiten geht sicher am einfachsten und schnellsten. Wenn Sie Ihr Rührei noch cremiger wollen, können Sie es auch 10 Minuten im Wasserbad ziehen lassen. Und haben Sie mal Lust auf eine echte Schlemmerei, krönen Sie es vor dem Herausnehmen einfach mit 1 Teelöffel Pflanzenbutter.

Ei en cocotte

Auch in der Küche kommen und gehen die Trends. In den 1990er-Jahren waren Eier *en cocotte* absolutes Highlight. Das klassische Rezept erlebte später sein kulinarisches Revival – und das mit gutem Grund. Eier en cocotte sind schnell gemacht, preiswert und lassen sich wunderbar abwandeln. Mit diesem Rezept ist es mir gelungen, eine vegane Variante dieses Leckerbissens zu kreieren.

Für 4 Personen · Zubereitungszeit: 5 Minuten · Garzeit: 15 Minuten

200 ml flüssige Sojasahne • 200 g Seidentofu (siehe Seite 13) • 20 g Maisstärke • 2 g feines Meersalz • 5 mg geriebene Muskatnuss • 8 Eigelbe (Rezept Seite 64) • etwas frischer Estragon zum Bestreuen (Menge nach Bedarf) • etwas *Pimentón d'Espelette* zum Bestreuen (Menge nach Bedarf, siehe Seite 13) • 4 kleine Auflaufformen • geröstetes Brot (Menge nach Bedarf)

Den Backofen auf 200 °C vorheizen.

In einem hohen Gefäß Sojasahne, Seidentofu, Maisstärke, Salz und Muskatnuss vermengen. Alles mit dem Stabmixer ein paar Sekunden lang pürieren, bis eine glatte Creme entsteht.

Die Mischung auf 4 kleine Auflaufformen verteilen, jeweils 2 noch tiefgefrorene Halbkugeln Eigelb in die Mitte jeder Form setzen, ohne sie hineinzudrücken. Mit frischem Estragon bestreuen und im Backofen auf mittlerer Schiene 15 Minuten backen.

Aus dem Ofen nehmen und mit einer kleinen Prise Pimentón d'Espelette bestreuen. Mit ein paar Scheiben geröstetem Brot servieren.

Tipp: Bei diesem Rezept habe ich Muskatnuss und Estragon kombiniert, eine klassische Mischung für die Zubereitung von Ei *en cocotte*. Passen Sie das Rezept einfach Ihren Vorlieben an und kombinieren Sie geräucherten *Pimentón de la Vera* mit Basilikum, Curry mit frischem Koriander oder fein geschnittene sonnengetrocknete Tomaten mit Oregano.

Omelett

Es ist kein Kinderspiel, ein klassisches Omelett zuzubereiten, sondern erfordert einiges an Kunstfertigkeit. Glücklicherweise gelingt diese absolut leckere vegane Variation im Handumdrehen.

Für 2 Personen · Zubereitungszeit: 10 Minuten

400 g Seidentofu (siehe Seite 13) • 250 ml Sojamilch natur • 2 g Kurkumapulver • 50 g Maisstärke • 50 g Reismehl • 7 g Kala-Namak-Salz (siehe Seite 11 f.) • etwas Olivenöl zum Anbraten (Menge nach Bedarf) • etwas frisch gemahlener Pfeffer, *Pimentón d'Espelette* (siehe Seite 13) oder gehackte Kräuter zum Garnieren

Den Seidentofu abtropfen lassen und in den Mixer geben. Die Sojamilch darübergießen und die restlichen Zutaten nach und nach dazugeben. Alles gut durchmixen, bis die Masse die Konsistenz von dickflüssigem Pfannkuchenteig hat.

In einer großen Pfanne Olivenöl erhitzen. Die Hälfte des Teigs hineingeben und gleichmäßig verteilen. Bei mittlerer Hitze etwa 5 Minuten braten, dann mithilfe eines Pfannenwenders vorsichtig umdrehen. Die Omeletts von beiden Seiten zur Mitte hin umschlagen.

Mit frisch gemahlenem Pfeffer oder mit *Pimentón d'Espelette* und fein gehackten Kräutern bestreut servieren.

Tipps: Wie jedes Omelett, die diesen Namen verdient hat, lässt sich auch diese mit verschiedenen Zutaten aufpeppen. Mit sautierten Kartoffeln, gebratenen Pilzen oder – ganz nach Ihren Vorlieben – auch mit gebratenem Räuchertofu. Achten Sie jedoch darauf, die Omeletts nicht zu überladen, sonst lässt sie sich nicht mehr wenden.

Pochiertes Ei

Dieses Gericht hat mit einem pochierten Ei, abgesehen vom Namen, nicht viel gemein. Ich wollte hier lediglich ein gestocktes Eiweiß mit einem flüssigen gelben Herzen „nachahmen". Vergessen Sie also das Pochieren in Essigwasser. Ich habe mich bei diesem Rezept eher an der Molekularküche orientiert. Trotzdem ist mein pochiertes Ei mehr als eine optische Täuschung. Denn in Geschmack und Konsistenz ähnelt es tatsächlich dem Original.

Für 4 pochierte Eier · Zubereitungszeit: 15 Minuten · Ruhezeit: 1 Stunde

300 ml Sojamilch natur • 2 g Gellan (siehe Seite 11) • 1 g Kala-Namak-Salz (siehe Seite 11 f.) • 4 Eigelbe (Rezept Seite 64) • Backform für Kuchen am Stiel (Cake Pops)

Sojamilch und Gellan in einen Topf geben und mit einem Stabmixer etwa 1 Minute lang verrühren, bis keine Klümpchen mehr zu sehen sind. Bei mittlerer Hitze 10 Minuten erwärmen, dabei ständig mit dem Schneebesen umrühren. Nach 8 Minuten mit Kala-Namak salzen. Vom Herd nehmen und 3 Minuten ruhen lassen. Dann das Sojagelee erneut mit dem Schneebesen durchrühren und in eine Backform für Kuchen am Stiel mit halbkugeligen Mulden von 7 Zentimetern Durchmesser gießen.

Die noch gefrorenen Eigelbe 5 Minuten ruhen lassen, dann jeweils in die Mitte der Mulden legen und vorsichtig andrücken, sodass das noch flüssige Eiweiß das Eigelb umhüllt. Anschließend 1 Stunde kühl stellen.

Die pochierten Eier vorsichtig aus der Form lösen. Dabei gleiten die Halbkugeln normalerweise leicht heraus.

Sie können die Eier kalt servieren oder im Ofen bei 90 °C noch einmal kurz anwärmen.

Tipp: Gellan ist ein natürliches Geliermittel, das besonders in der Molekularküche verwendet wird. Im Gegensatz zu Agar-Agar lässt sich Gellan auch warm zu einem festen Gelee verarbeiten, solange man dabei 90 °C nicht überschreitet. Gellan-Gelees ergeben gewöhnlich optisch perfekte, glatte Schnittkanten.

Bezugsquellen

Die meisten Zutaten für die Rezepte in diesem Buch finden Sie in Ihrem Bioladen oder im Reformhaus. Einige davon sind jedoch nur bei spezialisierten Online-Shops erhältlich, z. B. bei den folgenden Anbietern:

Zutaten

Aktivkohlepulver: Bekommen Sie in jeder Apotheke.

Annatto-Samen (*Bixa orelana*), ganze Samen: *www.naturix24.de*, *www.rimoco.de*

Carrageen: Finden Sie in Naturkostläden mit einem gut sortierten Angebot für vegane Küche oder im Feinkostladen.

Gellan: *https://biozoon.de/shop*

Guarkernmehl: Kaufen Sie Guarkernmehl möglichst naturbelassen im Bioladen oder im Reformhaus.

Joghurtferment: Ist erhältlich im Reformhaus oder bei *www.myyo.de*, *www.pureraw.de*, *www.stuebers.de*

Kakaobutter, in Rohkostqualität: *www.keimling.de*, *www.bio-korb.de*

Kala-Namak-Salz: Finden Sie in Ihrem Naturkostladen oder unter *www.alles-vegetarisch.de*, *www.bio-bahnhof.de*, *www.dragonspice.de*

Kokosfett, geschmacksneutral; in Rohkostqualität: *www.drgoerg.com*, *www.shop.rapunzel.de*

La-Mo-Long-Pflanze (*Paederia lanuginosa*): *www.kraeuter-und-duftpflanzen.de* (Lieferzeit von Mitte April bis Oktober)

Liquid-Smoke-Raucharoma: *www.matjes-hering.de*

Meerrettich, ungeschwefelt: Geriebenen Meerrettich im Glas bekommen Sie im Bioladen oder im Reformhaus. Achten Sie auf den Zusatz „ungeschwefelt".

Pimentón d'Espelette: *www.bremer-gewuerzhandel.de*, *www.spicebar.de*

Pimentón de la Vera: *www.aromagarten.com*, *www.pepperworldhotshop.com*

Probiotika (*Lactobacillus acidophilus*), als Kapseln (am besten mit mindestens 6 Milliarden KBE pro Kapsel), vegan und frei von Zusatzstoffen. Geben Sie „vegane probiotische Joghurtkapseln" in Ihre Suchmaschine ein und Sie erhalten eine ganze Reihe von Anbietern wie z. B. für das Produkt *Bifidyn* von der Firma *Vitabay*.

Soyalezithin: Kaufen Sie Sojalezithin möglichst in Bioqualität und achten Sie auf den Zusatz „gentechnikfrei".

Soyananda: *www.vantastic-foods.com*, *www.soyananda.com*

Tofu: Traditionell hergestellten Tofu in Bioqualität (z. B. von Taifun, *www.taifun-tofu.de*) finden Sie im Bioladen oder im Reformhaus.

Würz-Hefepaste, biologisch: *VITAM® R Klassik* oder *VITASAN-Hefeextrakt* bekommen Sie im Reformhaus.

Xanthan: Achten Sie auf den Zusatz „In Lebensmittelqualität"! In Apotheken erhältlich sowie z. B. bei den Internet-Anbietern *www.dragonspice.de* und *www.hallo-vegan.de*.

Küchengeräte und -utensilien
Ausstechformen-Set, rund (z. B. *Matfer Exoglass®*): *www.gastro24.de, www.nisbets.de*
Gärautomat (Proofer, auch klappbar erhältlich; z. B. von *Brod & Taylor*): *www.vegpool.de, https://ketex.de*
Hochleistungsmixer: *www.gruenesmoothies.de, www.keimling.de, www.vitamix.com*
Käseformen: *www.effingerklaus.de, www.kaesereibedarf-leidinger.com*
Pflanzenmilchbereiter (z. B. *Veggiefino®* oder der *VeganMilker® ChufaMix®*): *www.perfektegesundheit.de, www.keimling.de*
Puddingförmchen mit Deckel: Bekommen Sie in jedem gut sortierten Haushaltswarengeschäft, alternativ bei *www.oetker-shop.de*

Eine Liste von Anbietern veganer Lebensmittel finden Sie zudem bei:
Tierschutzorganisation PeTA: *www.petazwei.de/einkaufsguide*
Vantastic Foods: *www.vantastic-foods.com* (mit eigenem Versand; auf dieser Website finden Sie zudem eine ausführliche Bezugsquellenliste)

Allgemeine Informationen über vegane Ernährung:
Vegane Gesellschaft Deutschland e. V.: *www.vegane-gesellschaft.org* (mit Einkaufsführer und Produktinformationen)
Vegane Gesellschaft Österreich: *www.vegan.at*
Vegane Gesellschaft Schweiz: *https://vegan.ch* (mit Einkaufsführer und Produktinformationen)

Dank

Mein besonderer Dank geht an die Firma *Wismer* (*www.wismer.fr*), die mir einen ChufaMix und den Gärschrank zur Verfügung gestellt hat. Außerdem danke ich *TomPress* (*www.tompress.com*, in französischer Sprache) für all die Seihtücher und Käsesiebe sowie für die Butterform. Besondere Erwähnung verdient auch das Gartencenter *AlsaGarden* (*www.alsagarden.com*, in französischer Sprache), wo ich den unglaublichen Geschmack der Blätter der *Paederia lanuginosa* oder La-Mo-Long-Pflanze entdeckt habe. Meinen Lesern danke ich für ihr Vertrauen.

Der Autor und die Fotografin

Sébastien Kardinal ist der Shootingstar der französischen Veganer-Szene und Mitbegründer der bekannten französischen Internetseite VG-Zone.net (*http://vg-zone.net/*). Der charismatische Koch ist Autor mehrerer Kochbücher, darunter *Meine kleine vegane Metzgerei* (2016 erschienen im Hans-Nietsch-Verlag, Freiburg), das auch ins Spanische und Italienische übersetzt wurde.

Laura Veganpower ist Spezialistin für veganes Feingebäck, Fotografin und Fooddesignerin sowie ebenfalls Mitbegründerin der Internetseite *VG-Zone.net* (*http://vg-zone.net/*). Sie arbeitet eng mit Sébastien Kardinal zusammen und hat die Fotos für alle seine Werke sowie das Buch *Pâtisserie vegan* von Bérénice Leconte gemacht.

Titel der Originalausgabe: *Ma Petite Crèmerie vegan*, erschienen bei Editions La Plage, Paris

Translation Rights arranged with Editions La Plage, Paris

© Hans-Nietsch-Verlag 2018
Alle Rechte vorbehalten. Nachdruck, auch auszugsweise, nur mit ausdrücklicher Genehmigung des Verlages gestattet.

2. Auflage, November 2020

Lektorat: Ute Orth, Freiburg
Korrektorat: Andrea Bistrich
Fotos und Fooddesign: Laura Veganpower
Umschlaggestaltung: Rosi Weiss
Layout: Kurt Liebig
Druck: Dimograf Sp z o.o., Bielsko-Biała/Polen

Hans-Nietsch-Verlag
Industriestraße 20
64380 Roßdorf

www.nietsch.de
info@nietsch.de

ISBN 978-3-86264-712-5

www.nietsch.de

www.nietsch.de